LE

PHYLLOXERA

EN DROIT ADMINISTRATIF

ET EN DROIT CIVIL

PAR

FERDINAND SANLAVILLE

DOCTEUR EN DROIT
AVOCAT A LA COUR D'APPEL

EXTRAIT DE LA REVUE GÉNÉRALE D'ADMINISTRATION

BERGER-LEVRAULT ET Cie, ÉDITEURS

PARIS	NANCY
5, RUE DES BEAUX-ARTS	18, RUE DES GLACIS

1896

LE

PHYLLOXERA

EN DROIT ADMINISTRATIF

ET EN DROIT CIVIL

PAR

FERDINAND SANLAVILLE

DOCTEUR EN DROIT
AVOCAT A LA COUR D'APPEL

EXTRAIT DE LA REVUE GÉNÉRALE D'ADMINISTRATION

BERGER-LEVRAULT ET Cie, ÉDITEURS

PARIS	NANCY
5, RUE DES BEAUX-ARTS	18, RUE DES GLACIS

1896

LE PHYLLOXERA

EN DROIT ADMINISTRATIF

ET EN DROIT CIVIL

—

1. — De tous les fléaux qui frappent la vigne, aucun n'a le caractère de calamité publique comme le phylloxera [1], qui a menacé de tarir une des sources les plus fécondes du revenu de la France [2]. En effet, cet insecte ne cause pas à la vigne une simple maladie plus ou moins longue, plus ou moins dangereuse, il entraîne la mort même du cep, parfois à brève échéance, parfois plus lentement; enfin le phylloxera est d'autant plus redoutable qu'il se propage avec une très grande rapidité et que sa facilité de reproduction est incalculable [3].

Aussi le législateur s'est-il préoccupé de parer par tous les moyens aux progrès incessants du phylloxera. Par une loi du 22 juillet 1874, l'Assemblée nationale avait voté un prix de 300,000 fr. en faveur de celui qui trouverait un moyen efficace et pratique de sauver les vignobles de l'invasion phylloxérique; mais cette disposition ne donna pas de résultats bien appréciables.

D'autres mesures législatives d'une application plus directe s'imposaient, soit pour empêcher la propagation de l'insecte dévastateur dans

---

1. Des mots grecs : Φύλλον ξηρόν, feuille desséchée.

2. V. Exposé des motifs au Sénat, *Journ. off.* 11 février 1878; *Annexe,* n° 21.

3. En 1886, M. Gaston Bazille constatait qu'en France un million d'hectares de vignes avaient été détruits par le phylloxera (*Bulletin de la Société des agriculteurs de France,* compte rendu de la session de 1886, p. 354). — Tous les rapports officiels, ceux notamment du service du phylloxera et de la commission supérieure du phylloxera au ministère de l'agriculture, attestent la gravité du fléau.

les régions encore indemnes, soit pour faciliter la défense ou pour encourager la reconstitution des vignobles dans les territoires contaminés.

Nous nous proposons d'examiner les multiples dispositions législatives et les mesures administratives prises pour enrayer la propagation du fléau, la constitution des syndicats de défense, les dégrèvements de l'impôt foncier en faveur des vignes reconstituées.

Enfin nous indiquerons les conséquences graves que cette calamité publique produit dans le droit civil.

I.

2. — Une loi du 15 juillet 1878 dispose (art. 1er) qu'un décret du Président de la République peut interdire l'entrée, soit dans toute l'étendue, soit dans une partie du territoire français, des plants, sarments, feuilles et débris de vignes, des échalas ou tuteurs déjà employés, des composts ou terreaux provenant d'un pays étranger, ainsi que le transport des mêmes objets hors des parties du territoire français envahies par le phylloxera.

Cette disposition vise les rapports de la France et de ses colonies avec les pays étrangers. Ainsi un décret du 7 août 1878 déclara applicables aux produits de toutes les provinces d'Espagne les dispositions prohibitives prises en vue de prévenir l'invasion du phylloxera en Algérie.

Plusieurs traités internationaux ont été conclus à l'effet de réglementer les mesures collectives prises contre le phylloxera. La convention phylloxérique conclue à Berne le 3 novembre 1881 [1] a pour but d'assurer une action commune et efficace contre l'introduction et la propagation du phylloxera, et dans ce but les nations contractantes s'engagent à prendre des mesures législatives sur leurs territoires respectifs. Cette convention, complétée par une déclaration du 15 avril 1889 [2], est

---

[1]. Promulguée par décret du 15 mai 1882. V. aussi : Convention additionnelle du 15 avril 1889, promulguée par décret du 25 janvier 1890.

Ces conventions en remplaçaient une précédente conclue également à Berne à la date du 17 septembre 1878 et promulguée par décret du 12 janvier 1880. — V. aussi décrets des 8 juillet et 28 août 1882.

[2]. Approuvée par decret du 25 janvier 1890.

conclue entre la France, l'Allemagne, l'Autriche-Hongrie, la Belgique, l'Italie, le Luxembourg, les Pays-Bas, le Portugal, la Serbie, la Suisse.

3. — Mais comme les prohibitions de l'article 1er de la loi du 15 juillet 1878 pourraient avoir des conséquences fâcheuses en ce qui concerne l'importation des cépages américains qui permettent la reconstitution des vignobles d'une manière efficace, le ministre de l'agriculture peut autoriser exceptionnellement l'introduction des plants étrangers à destination d'une localité déterminée.

Aux termes de l'article 2, des arrêtés spéciaux du ministre de l'agriculture, pris sur l'avis de la commission supérieure du phylloxera, règlent les conditions sous lesquelles peuvent entrer et circuler en France les plants, sarments, feuilles et débris de vignes, échalas ou tuteurs déjà employés, composts ou terreaux provenant des pays étrangers ou des parties du territoire français déjà envahies par le phylloxera, auxquels ne s'appliquent pas les décrets d'interdiction[1]. Nous verrons qu'une loi du 3 août 1891 a apporté quelques modifications à ces prescriptions, en vue de faciliter la reconstitution du vignoble. L'article 4 de cette loi porte en effet abrogation des dispositions des lois des 15 juillet 1878 et 2 août 1879 en ce qu'elles peuvent avoir de contraire aux prescriptions de la présente loi.

4. — En ce qui concerne la circulation intérieure, la France est divisée en circonscriptions ou zones, d'après leur degré de destruction par le phylloxera. A cet effet, l'article 2 dispose que le ministre de l'agriculture fera établir des cartes, avec tableaux à l'appui indiquant par des teintes différentes les parties du territoire attaquées par le phylloxera et celles qui en sont préservées. Ces cartes sont tenues au courant, rectifiées chaque année, et plus souvent, si le ministre le juge nécessaire.

La circonscription administrative adoptée pour l'application des mesures à prendre contre le phylloxera est l'arrondissement[2].

---

1. Les certificats délivrés en vertu des décrets des 15 mai et 28 août 1882, concernant les mesures à prendre contre le phylloxera et spécialement l'introduction en France de plants de vignes et autres produits, sont exempts du droit de timbre (art. 16, n° 1er, dernier alinéa de la loi du 13 brumaire an VII). Decision du ministre des finances du 11 janvier 1883, Instruction n° 2679, § 6, de l'administration de l'enregistrement, D. P. 1885, V, 460.

2. Arrêté ministériel du 26 janvier 1882, article 1er. (Ministere de l'agriculture. Compte rendu des travaux du service du phylloxera [Imp. nationale] 1881, p. 375)

En exécution de ces dispositions, chaque année un arrêté ministériel, et à partir de 1883 un décret, a déclaré quels sont les arrondissements phylloxérés, en distinguant ceux qui sont complètement atteints de ceux qui ne le sont que partiellement ; il désigne également quels sont les arrondissements dans lesquels les vignes provenant des arrondissements phylloxérés peuvent seulement être introduites [1].

5. — L'article 12 de la loi modificative du 2 août 1879 dit que les contraventions aux dispositions de la présente loi et à celles des décrets ou arrêtés pris pour son exécution sont punies d'une amende de 50 à 500 fr. En plus de ces pénalités, les objets, contenant et contenu, introduits en contravention de la loi sont détruits par le feu [2].

D'après l'article 13 de la loi du 15 juillet 1878, ceux qui ont introduit l'un des objets énoncés dans l'article 1er sans déclaration ou à l'aide d'une fausse déclaration de provenance ou de route, ou de toute autre manœuvre frauduleuse, sont punis d'un emprisonnement de un mois à 15 mois et d'une amende de 50 à 500 fr. [3]. En cas de récidive, dit l'article 14, les peines prévues dans les articles ci-dessus sont doublées. Il y a récidive lorsque, dans les douze mois précédents, il a été rendu contre le contrevenant ou le délinquant un premier jugement en vertu de la présente loi. Enfin, aux termes de l'article 15, l'article 463 du Code pénal sur les circonstances atténuantes est applicable à ces condamnations.

---

1. Ces arrêtés ministériels et décrets, ainsi que les cartes de l'invasion phylloxérique, sont publiés annuellement dans les comptes rendus des travaux du service du phylloxera au ministère de l'agriculture. — V. aussi : *Rev. gén. d'admin.*, 1886, II, 114.

2. Jacquinot, *Traité de la législation sur le phylloxera* (1882, Marescq, éd.), p. 30. D'après cet auteur, le juge de paix serait compétent.

3. Jugé, en ce qui concerne l'Algérie, que l'infraction aux dispositions de la loi du 15 juillet 1878 et du décret du 17 juin 1884, qui interdisent d'importer en Algérie des ceps de vigne, sarments et feuilles de vigne, sont des contraventions matérielles qui doivent, dans tous les cas, indépendamment de l'intention coupable et même de la bonne foi établie, être punies d'une amende de 50 à 500 fr. Ces contraventions sont punies, en outre, d'un emprisonnement d'un à quinze mois, lorsque la mauvaise foi vient les aggraver. La relaxe n'est pas justifiée davantage par le fait que les sarments auraient été saisis dès leur arrivée et n'auraient par suite fait courir aucun des dangers prévus par la loi du 15 juillet 1878. — C. cass. 12 août 1887, D. P., 1887, I, 510, v. la note ; — *Gaz. Pal*, 1888, I. Table, v° *Phylloxera*. — V. aussi : *eod. verbo*, Alger, 15 janvier 1887. — Ces solutions pourraient aussi s'appliquer dans la France continentale. Conf. C. cass. 9 novembre 1878, D. P., 1879, I, 385. — Le tribunal compétent est le tribunal correctionnel. Trib. Philippeville 25 juin 1886, *Rev. d'Alger*, 59, 1887. — Jacquinot, p. 69.

6. — Antérieurement à la loi de 1878, il avait été jugé qu'un arrêté préfectoral interdisant l'importation directe ou indirecte dans un département de plants de vignes provenant de régions où la présence du phylloxera a été reconnue est légalement obligatoire, et oblige toute personne, même étrangère au département[1]. Depuis la promulgation des lois de 1878 et de 1879, les préfets n'ont plus que le droit de prendre en cas d'urgence des mesures provisoires pour empêcher la contagion des vignes (V. notamment loi du 2 août 1879, art. 3, *in fine*[2]).

7. — Dans le but de faciliter la reconstitution du vignoble à l'aide des cépages étrangers, une loi du 3 août 1891 est venue modifier les lois des 15 juillet 1878 et 2 août 1879. Ainsi qu'on l'a constaté, les lois de 1878 et 1879, lois de défense préventive, étaient devenues sans application pour un grand nombre de départements; dans les autres plus récemment atteints, elles créaient de véritables obstacles à l'œuvre de reconstitution[3]. D'après l'article 1er de la loi de 1891, la libre circulation des sarments et plants de vignes, quelle que soit leur provenance, peut être autorisée dans les départements par décision du conseil général. L'exécution en est assurée par un arrêté conforme du préfet. L'autorisation peut être plus ou moins étendue et s'appliquer soit au département entier, soit à certains arrondissements, cantons ou communes.

Toutefois, aux termes d'une circulaire du ministre de l'agriculture du 17 août 1891[4], toute délibération autorisant l'importation des cépages exotiques ou provenant de localités phylloxérées doit être soumise aux conseils généraux des départements limitrophes intéressés. Nous reviendrons plus loin sur les autres dispositions de la loi de 1891.

8. — De la combinaison de ces diverses lois, on doit conclure d'abord que le plant américain n'est proscrit qu'autant qu'il vient, soit de l'étranger, soit d'une région de la France déclarée officiellement comme phylloxérée.

---

1. C. cass. ch. crim., 9 novembre 1878, D. P., 1879, I, 385, min. publ. c. Coignaud.

2. V. le rapport de M. Mazeau au Sénat, *Journ. off.* du 14 août 1879 ; *Annexe* n° 376.

3. Rapport de M. Pazat, sénateur, *Journ. off.* Documents parlementaires, session de 1891, p. 194 ; *Annexe*, n° 124.

4. *Rev. gén. d'admin.*, 1891, III, 124. — *L'Avenir administratif*, 1891, p. 297.

Aux termes des lois des 15 juillet 1878 et 2 août 1879, la circulation de tout plant de vigne est libre, de région indemne à région indemne, et de région phylloxérée à région phylloxérée. La loi du 3 août 1891, en conférant aux conseils généraux la faculté d'autoriser l'importation des plants de vigne, n'a pas eu pour effet d'abroger les lois de 1878 et de 1879, elle a seulement eu pour but de substituer les conseils généraux au Gouvernement à l'effet d'autoriser l'importation des cépages exotiques ou provenant des régions contaminées. Or, par cépages exotiques on ne saurait comprendre que les cépages expédiés des contrées étrangères, et non pas ceux qui, provenant originairement de l'étranger, ont été acclimatés ou cultivés en France, bien qu'ils conservent en viticulture le nom de leur pays d'origine. Telle est l'interprétation donnée par la circulaire ministérielle du 17 août 1891 (*Journal officiel* du 20 août) et par le rapporteur de la loi au Sénat, qui a déclaré formellement que cette loi laissait intactes celles du 15 juillet 1878 et du 2 août 1879, en donnant seulement aux conseils généraux la faculté de favoriser, par des mesures rapides, la reconstitution des vignobles par les cépages nouveaux[1].

9. — En ce qui concerne les mesures à prendre pour enrayer l'invasion phylloxérique, l'article 3 de la loi de 1878 a été modifié par la loi du 2 août 1879 ; cette dernière loi contient les dispositions suivantes[2].

Le préfet doit envoyer un délégué visiter les vignes atteintes par le phylloxera, dès qu'il a été avisé de la présence du fléau, par le propriétaire, le maire ou la commission départementale d'étude et de surveillance ; en cas de besoin, l'examen porte aussi sur les vignes environnantes.

Le délégué peut faire les opérations nécessaires pour constater l'existence du phylloxera[3] ; il fait du tout un rapport sommaire au préfet.

Un arrêté du ministre de l'agriculture peut en tout temps ordonner

---

1. Tribunal correctionnel de Versailles 13 septembre 1894, aff. Tréheux, *Rev. gén. d'admin.*, 1895, I, 73. D. P. 1894, II, 536. — Conf. Jacquinot, p. 26.

2. V. aussi le décret portant règlement d'administration publique des 26 décembre 1878-1ᵉʳ mars 1879.

3. Ainsi il peut creuser le sol et déraciner les ceps. En cas de résistance ou de malveillance, il est passé outre, et les autorités locales doivent prêter mainforte aux représentants de l'administration. Il est à remarquer que l'administration est armée de pouvoirs très étendus ; c'était indispensable pour vaincre le mauvais vouloir des propriétaires. Jacquinot, p. 32, 33, 45.

ou autoriser des investigations dans les vignobles des localités consi-
dérées comme indemnes, mais où la présence du phylloxera est soup-
çonnée. Enfin dans les cas urgents et particuliers le préfet peut ordonner
ou autoriser ces investigations (art. 3).

Le décret portant règlement d'administration publique du 26 décembre 1878 porte que, dans un délai de six jours au plus à partir de
la réception du rapport, le préfet convoque à la mairie de la commune,
ou de l'une des communes sur le territoire desquelles le fléau a été
constaté, les propriétaires des vignes phylloxérées ou leurs représentants. Cette réunion est présidée par le préfet ou, à son défaut, par le
sous-préfet ou par un conseiller de préfecture. Le président provoque
et recueille les dires des propriétaires ; il les invite à déclarer s'ils sont
disposés à appliquer dans leurs vignes l'un des traitements approuvés
par la commission supérieure du phylloxera, et à demander dans ce
cas le concours de l'administration.

Les propriétaires peuvent même employer à leurs frais un traitement
privé, mais sous le contrôle de l'administration[1].

C'est seulement en cas de refus des propriétaires de traiter les vignes qu'il est procédé par la voie administrative[2].

L'article 5 de la loi de 1879, pour encourager l'initiative indivi-
duelle, dispose que, lorsqu'un département ou une commune vote une
subvention destinée à aider les propriétaires qui traitent leurs vignes
suivant l'un des modes approuvés par la commission supérieure du
phylloxera, l'État donne une subvention égale ; l'allocation se trouve
ainsi doublée[3].

10. — L'article 4 de la loi de 1879 prescrit les formalités qui doivent
être suivies lorsque l'existence du phylloxera est constatée dans des
contrées indemnes, dont le périmètre est tracé chaque année sur la carte
de l'invasion phylloxérique. Ces formalités étant accomplies, un arrêté

---

1. Jacquinot, p. 58. Dalloz, *Code lois politiques*, v° *Agriculture*, n°ˢ 1308 et s.

2. Conf. Jacquinot, p. 54 et 56. Dalloz, id., ibid. et n° 1327.

3. Est-ce à la commission départementale ou au préfet qu'il appartient, comme
acte d'administration, d'effectuer la répartition d'un crédit inscrit au budget départemental pour le traitement des vignes phylloxérées ? Le ministre de l'intérieur
consulté sur cette question a répondu : « La jurisprudence du Conseil d'État est
très nettement fixée en ce sens que la répartition des crédits qui ont le caractère de secours individuels est un acte administratif qui appartient au préfet
sous le contrôle du conseil général. » Avis du ministre de l'intérieur 25 août
1882 (Gers), *Les Conseils généraux*, Berger-Levrault et Cⁱᵉ, éd . t. II, p. 462.

du ministre de l'agriculture, pris sur l'avis conforme de la section permanente de la commission supérieure du phylloxera, peut ordonner que la vigne malade, et les vignes environnantes dans un rayon fixé, seront soumises à l'un des traitements indiqués par la commission supérieure. Le traitement a lieu alors d'office par la voie administrative et tous les frais sont à la charge de l'État[1].

Le ministre peut ordonner la continuation du traitement pendant plusieurs années et prescrire au besoin le traitement des taches nouvelles qui viendraient à être découvertes. Les propriétaires se trouveront ainsi dépossédés pendant le traitement des vignes. Mais ils peuvent accéder à leur terrain et récolter les raisins subsistants[2].

Le ministre peut même prendre des mesures exceptionnelles en cas d'urgence, hors des contrées indemnes (art. 4, loi 2 août 1879). Toutes ces mesures constituent évidemment des restrictions importantes au droit de propriété, mais, ainsi qu'on l'a fait observer dans les débats parlementaires, l'intérêt général exige ces mesures exceptionnelles.

11. — Les cas dans lesquels les intéressés peuvent demander une indemnité à raison des mesures antiphylloxériques leur ayant causé un préjudice, sont réglés par l'article 11 de la loi du 15 juillet 1878 toujours en vigueur. Cet article dispose qu'il sera alloué une indemnité pour la perte des récoltes détruites par mesure de précaution, mais qu'aucune indemnité n'est due pour la destruction des récoltes sur lesquelles l'existence du phylloxera aura été constatée. Enfin les contestations relatives aux indemnités sont de la compétence des juges de paix, qui en connaissent sans appel jusqu'à la valeur de 100 fr. et à charge d'appel, à quelque valeur que la demande puisse s'élever.

C'est un des cas spéciaux dans lesquels l'autorité judiciaire est compétente pour connaître d'une action tendant à faire déclarer l'État débiteur[3].

On peut remarquer la très grande rigueur de la loi, qui refuse toute indemnité pour la destruction des récoltes sur lesquelles l'existence du

---

1. Si le traitement doit avoir lieu par submersion, le préfet ordonne aux ingénieurs du département de préparer et de diriger les travaux (D. 26 déc. 1878, art. 6). Jacquinot, p. 54 et 56.

2. Jacquinot, p. 56.

3. Dalloz, *Code des lois politiques et administratives*, t. I, v° *Séparation des pouvoirs*, n° 820 ; t. III, v° *Agriculture*, n° 1327.

phylloxera a été constatée, et n'en accorde que pour les récoltes détruites par mesure de précaution en dehors de la tache phylloxérique [1].

L'interprétation de ces dispositions a soulevé des difficultés délicates. Ainsi il a été jugé qu'il n'est dû aucune indemnité pour la destruction des récoltes de vignes reconnues phylloxérées et traitées au sulfure de carbone par le propriétaire lui-même avec l'aide de l'État ; qu'en effet aux termes de l'article 11 précité il n'est dû d'indemnité que pour la perte de récoltes détruites par mesure de précaution ; enfin que l'expression *récolte* dans l'article 11 ne s'applique pas à des ceps ou plants isolés, mais à l'ensemble des produits d'une vigne [2]. On doit observer que, dans cette espèce, le traitement était suivi par le propriétaire lui-même. Enfin, malgré le silence de la loi, on peut admettre que des indemnités sont dues à raison des dégâts causés par les opérations nécessaires pour constater l'existence du phylloxera [3].

12. — Les lois précitées ne contiennent aucune disposition concernant l'organisation des comités départementaux de vigilance contre le phylloxera ; il s'ensuit que le préfet qui nomme les membres de ce comité peut les révoquer dans la même forme qu'il les a nommés, et qu'en tous cas il s'agit d'un acte de pure administration, ne donnant pas lieu à un recours par la voie contentieuse [4].

Il existe au ministère de l'agriculture une commission supérieure du phylloxera composée des hommes les plus compétents ; cette commission apprécie la situation des vignobles et prescrit les meilleurs traitements à employer. Un inspecteur général du service du phylloxera est institué au même ministère ; il inspecte les vignobles et veille à ce que

---

1. On a donné pour motif de cette rigueur de la loi que le chiffre des indemnités aurait été si considérable que les finances de la France n'auraient pu y suffire. Jacquinot, p. 64.

2. Trib. civ. d'Annecy 14 décembre 1884, préf. de la Haute-Savoie c. Brunier ; v. le journal *La loi* du 15 septembre 1885.

3. Jacquinot, p. 69.

4. C. d'Ét. 14 décembre 1888, Lebon, p. 908, Lequeux et les arrêts cités en note. Il a été jugé que l'explication déduite par un préfet de circonstances étrangères aux motifs de son arrêté déclarant démissionnaire un membre du comité central contre le phylloxera, et non relatée au procès-verbal officiel de la séance, constitue un fait personnel distinct de l'arrêté. Dans ce cas l'autorité judiciaire est compétente pour statuer sur l'action en dommages-intérêts dirigée contre le préfet. Trib. des confl. 5 juillet 1884, Lebon p. 581, Vimont ; v. la note. Des commissions régionales sont instituées par la loi du 6 janvier 1879.

toutes les mesures nécessaires pour combattre le fléau soient exactement suivies [1].

13. — Quelque nombreuses qu'aient été ces prescriptions prises en vue de circonscrire le mal, il était nécessaire d'édicter des dispositions facilitant à la fois la défense contre le phylloxera, là où c'était encore possible, et la reconstitution des vignobles contaminés, là où la destruction était complète. Ce double but est atteint spécialement par la constitution de syndicats antiphylloxériques, par des subventions pécuniaires, par l'introduction plus facile des cépages résistants, et par des dégrèvements d'impôts.

14. — L'article 5 de la loi du 2 août 1879 reconnaît l'existence d'associations syndicales entre propriétaires ; il est ainsi conçu : « Lors« que des propriétaires, en vue de la destruction du phylloxera sur « leur territoire, se seront organisés en associations syndicales tempo« raires approuvées par l'autorité administrative, ils pourront recevoir, « sur l'avis conforme de la section permanente de la commission supé« rieure du phylloxera, une subvention de l'État. Cette subvention ne « pourra, dans aucun cas, dépasser la somme votée par le syndicat « pour le traitement des vignes phylloxérées. Pourront également être « subventionnées par l'État, sous les conditions et dans les proportions « fixées par le paragraphe précédent, les associations syndicales tem« poraires approuvées par l'autorité administrative et constituées en « vue de la recherche du phylloxera dans les contrées indemnes ou « partiellement atteintes. »

Ces associations syndicales libres pour la défense des vignobles contre le phylloxera rentrent dans les prévisions du dernier paragraphe de l'article 1er de la loi du 21 juin 1865 sur les associations syndicales, qui décide que ces associations peuvent avoir pour objet *toute amélioration agricole ayant un caractère d'intérêt collectif*. Les prescriptions de la loi du 21 juin 1865 sur les associations syndicales libres doivent donc être appliquées aux syndicats établis pour lutter contre le phyl

---

1. Le ministre de l'agriculture publie les comptes rendus des travaux du service et de la commission du phylloxera et de nombreux documents relatifs à cette question. Dalloz, *Code politique*, t. III, v° *Agriculture*, nos 1293 et s.

loxera[1]. La loi de 1865 a été modifiée en certaines parties par une loi du 22 décembre 1888 sur les associations syndicales en général.

15. — La loi de 1879 avait encouragé les propriétaires de vignes atteintes par le phylloxera en leur faisant espérer des subventions égales aux sommes affectées par les syndicats au traitement des vignes. Mais ces associations syndicales purement facultatives, bien que prospères dans certaines régions viticoles[2], ne répondent pas cependant d'une manière complète aux nécessités de la défense contre le phylloxera. C'est qu'en effet elles sont purement facultatives, et qu'il suffit d'une seule parcelle affranchie du syndicat, au milieu de toutes celles qui sont syndiquées, pour entretenir le foyer du mal[3].

16. — Une loi du 15 décembre 1888 est venue, non pas modifier les dispositions législatives antérieures, le rapporteur de la loi au Sénat l'a déclaré formellement[4], mais les compléter et les fortifier par de nouvelles dispositions.

Cette loi a créé des syndicats autorisés et ayant par suite un caractère obligatoire pour la défense des vignes contre le phylloxera. L'exposé des motifs de la loi[5] assimile les ravages du phylloxera aux fléaux tels que les inondations, les torrents, l'insalubrité des marais qui justifient les associations syndicales autorisées (loi du 21 juin 1865, art. 9 et suiv.).

Pour obliger, dit l'exposé des motifs, une minorité à des travaux

---

1. Aucoc, *Conférences sur le droit administratif* (3e éd.), t. II, p. 651, n° 878. — Georges Gain, *Traité des associations syndicales*, p. 121, n° 127. — Conf. Jacquinot, p. 37.

2. Dans certains départements, les syndicats sont nombreux et bien organisés ; dans le Rhône notamment, les rapports officiels signalent d'année en année l'accroissement des syndicats et l'énergie particulière des propriétaires et vignerons de ce département. Ministère de l'agriculture, *Compte rendu des travaux du service du phylloxera*, année 1881, p. 166, rapport du préfet du Rhône ; — année 1885, p. 256 et suiv., p. 260 ; — année 1886, p. 66 et 292.

3. Rapport de M. Ganivet à la Chambre des députés, *Journ. off.* du 16 avril 1888, documents parlementaires, p. 168 ; *Annexe*, n° 2342.

4. Déclaration de M. le colonel Meinadier, rapporteur au Sénat, dans la séance du 4 décembre 1888.

5. *Journ. off.* du 7 mars 1887, documents parlementaires, p. 545 ; *Annexe*, n° 1071.

d'utilité collective, il importe que ces travaux satisfassent à quatre conditions :

1° Ils doivent se rapporter à la défense contre un fléau qui menace, par exemple, l'existence même de la propriété ;

2° La nature de ces travaux doit être telle que l'abstention d'un seul propriétaire compris dans le périmètre les entrave ou les compromette ;

3° Il faut que la dépense des travaux n'excède ni la valeur de la propriété, ni les ressources du propriétaire, sinon une indemnité est due ;

4° Enfin les travaux doivent être d'une efficacité reconnue.

Ces conditions se trouvent réunies en l'espèce :

1° Le phylloxera est un fléau qui, dans certaines contrées et pour certains sols, équivaut à la ruine de la propriété ;

2° Il est à peu près certain que l'abstention d'un seul propriétaire paralyse, ou tout au moins rend moins efficaces, les efforts de ses voisins ;

3° A n'envisager qu'une seule propriété à la fois, les frais du traitement pourraient excéder la valeur de la propriété même, mais ces frais répartis entre beaucoup de propriétaires pour la défense de vignobles entiers se trouvent proportionnellement plus restreints ;

4° S'il y a des divergences dans les modes de traitement, on considère cependant que certains sont efficaces, et en tous cas que l'arrachage de la vigne est un moyen presque infaillible pour arrêter la propagation du phylloxera.

Tels sont, en résumé, les motifs qui ont guidé le législateur.

17. — L'article 1er de la loi du 15 décembre 1888 dispose que « dans « les contrées où l'invasion du phylloxera est menaçante, et dans celles « où son apparition se manifeste par des taches limitées au milieu des « vignes, il peut être établi des associations syndicales autorisées pour « l'application des moyens propres à le combattre. Ces associations « sont régies par la loi du 21 juin 1865, sous les modifications ci-« après ». Nous allons les développer.

18. — D'après l'article 2 ces associations ne peuvent être établies que sur la demande (sur papier timbré, décret du 19 février 1890, art. 1er) d'un ou de plusieurs propriétaires intéressés.

La demande est adressée au préfet, communiquée au comité local et

au professeur départemental d'agriculture ; le préfet ordonne une enquête de quinze jours dans les communes où sont situés les terrains
compris dans le périmètre proposé (art. 3) ; ce périmètre ne doit comprendre qu'une zone de vignes représentant des conditions communes
d'attaque et de défense (art. 4).

19. — Aux termes de l'article 5, après la clôture de l'enquête, un
arrêté du préfet convoque à la mairie de l'une des communes intéres-
sées les propriétaires des terrains compris dans le périmètre, à l'effet
de délibérer sur la constitution du syndicat autorisé. La majorité des
adhésions doit comprendre au moins les deux tiers des intéressés et
représenter les trois quarts de la superficie en vignes, ou les trois quarts
des intéressés et les deux tiers de la superficie.

Toute l'instruction, demandes, avis, registres d'enquête et délibéra-
tions sont soumis au conseil général, ou en son absence, à la commission départementale, qui décide s'il y a lieu de constituer l'association
syndicale autorisée, et qui en fixe le périmètre (art. 6).

20. — Un arrêté du préfet déclare l'association syndicale définitive-
ment constituée (art. 7) ; si l'association s'étend à plusieurs départements, cette déclaration est faite par le ministre de l'agriculture (art. 8).

Le comité directeur de l'association syndicale a des pouvoirs très
importants. Ainsi il peut ordonner le traitement par extinction et même
par arrachage, sauf à indemniser les propriétaires de la vigne arrachée[1].
Dans tous les cas, il est seul chargé de faire exécuter les mesures qu'il
a prescrites (art. 9).

Lorsque le comité directeur estime qu'il y a lieu de procéder par
voie d'arrachage, il doit, avant toute exécution, se mettre d'accord avec
le propriétaire sur le montant de l'indemnité. A défaut d'entente, il est
procédé à une expertise préalable conformément à l'article 24 de la loi
du 22 juillet 1889 (décret 19 février 1890, art. 11).

Toutes les dépenses sont à la charge de l'association ; elles sont ou
payées sur les ressources du syndicat, ou réparties entre les proprié-

---

1. Quelque étendus que soient les pouvoirs conférés au comité directeur ou à
la délégation désignée par le préfet et agissant au nom du syndicat, de faire des
recherches et travaux sur les territoires suspects, par exemple d'arracher les
plants de vignes phylloxérés et d'injecter le sol de sulfure de carbone, il paraît
inadmissible que ces opérations et travaux puissent être effectués pendant
la nuit (V cependant C. d'Ét. 31 mai 1895, Pinson-Molé [v. les visas]).

taires intéressés proportionnellement à l'étendue de leurs vignes syndiquées (loi 15 décembre 1888, art. 10).

21. — Quelle est la juridiction compétente pour allouer les indemnités? L'article 9 de la loi de 1888 ne le disant pas expressément, il faut se reporter aux principes généraux de la matière, principes posés par la loi du 21 juin 1865 sur les associations syndicales.

Cette dernière loi est en effet applicable, ainsi que le déclare formellement l'article 1er de la loi du 15 décembre 1888. Or, d'après l'article 16 de la loi de 1865, c'est le conseil de préfecture qui est compétent, sauf recours au Conseil d'État, pour statuer sur les contestations relatives « à la fixation du périmètre des terrains compris dans l'associa-« tion, à la division des terrains en différentes classes, au classement « des propriétés en raison de leur intérêt aux travaux, à la répartition « et à la perception des taxes, à l'exécution des travaux... ».

Il est admis en effet que la compétence du conseil de préfecture s'étend en principe général à tous les travaux [1].

Il faut conclure de tout ceci que le conseil de préfecture est compétent pour statuer sur les indemnités prévues par l'article 9 de la loi de 1888, sauf appel au Conseil d'État. C'est d'ailleurs ce qu'admet implicitement le décret du 19 février 1890 dans son article 11.

22. — L'article 11 de la loi du 15 décembre 1888 permet aux propriétaires non adhérents de s'affranchir des prescriptions susdites, sinon leur adhésion est présumée définitive. Ils doivent, dans le délai d'un mois à partir de l'affichage dans les communes, prescrit par la loi du 21 juin 1865, de l'extrait de l'acte d'association et de l'arrêté du préfet ou du ministre de l'agriculture, déclarer à la préfecture qu'ils entendent renoncer, pendant toute la durée du syndicat et moyennant indemnité, à la culture de la vigne sur le terrain leur appartenant et compris dans le périmètre.

Dans ce cas, l'indemnité à payer par l'association est fixée conformément à l'article 16 de la loi du 21 mai 1836. Ainsi, la juridiction compétente est le jury de quatre membres et trois suppléants, institué

---

1. Aucoc, *Conférences*, 2e éd., t. II, nos 911 et 912, p. 622. — Ducrocq. t. Ier, no 421, p. 860.

par cette dernière loi, présidé par un juge du tribunal civil ou par le juge de paix du canton.

23. — D'après l'article 12 de la loi du 15 décembre 1888, lorsque les vignes peuvent être traitées par submersion, les propriétaires de terrains intermédiaires sont tenus de souffrir, après avoir été entendus, moyennant une indemnité, conformément à la loi du 29 avril 1845 (sur les irrigations), l'exécution de travaux nécessaires pour la conduite des eaux.

Mais comme il s'agit d'une servitude grave pour le fonds servant, la loi en affranchit les terrains bâtis, les jardins et les enclos y attenant. L'indemnité est réglée, sur un rapport d'expert, par le juge de paix, qui statue sauf appel[1].

Il est à remarquer, ainsi que le disait le rapporteur de la loi, que les termes de l'article 12 sont généraux et que tout propriétaire peut l'invoquer, que ses vignes soient syndiquées ou non.

24. — La durée des associations syndicales autorisées est de cinq ans, mais elles peuvent être renouvelées par une simple déclaration des syndics à la préfecture, avec justification des adhésions exigées par l'article 5[2].

25. — On s'est demandé si les syndicats créés pour la défense des vignes contre le phylloxera jouissent de la personnalité civile et peuvent ester en justice pour exercer les actions syndicales; on a dit

---

1. Comp. loi 21 juin 1865. Aucoc, *Conférences*, t. II, n° 912, p. 622. Il a été jugé, par application des articles 640, 698 et 1382 du Code civil, d'une part, que le propriétaire d'un fonds inférieur est obligé de recevoir les eaux qui s'écoulent d'un fonds supérieur et provenant de la submersion d'une vigne ; il n'a droit a une indemnité que s'il éprouve un préjudice réel résultant de cet écoulement de l'eau ; — d'autre part, on application des principes de la matière, que c'est au propriétaire qui use du droit de faire passer ou écouler sur les fonds intermédiaires les eaux résultant de la submersion d'une vigne, à prendre toutes les mesures nécessaires pour que cet écoulement soit le moins nuisible et à supporter tous les frais de travaux par exemple. C. cass., ch. civ., 21 février 1894, *Le Droit* du 15 mars 1894, de Boussuges.

2. Un décret portant règlement d'administration publique pour l'exécution de la loi du 15 décembre 1888 a été rendu à la date du 19 février 1890. Une circulaire du ministre de l'agriculture en date du 18 mai 1890 contient en annexe un modèle d'acte d'association.

qu'ils n'avaient pas été investis de la personnalité civile, à la différence des syndicats professionnels créés par la loi du 21 mars 1884.

Ce système est erroné, car les associations syndicales pour la défense des vignes contre le phylloxera sont établies dans les mêmes conditions que les associations syndicales des lois du 21 juin 1865 et du 22 décembre 1888; la loi du 15 décembre 1888 vise d'ailleurs expressément la loi du 21 juin 1865.

Mais il est bien évident que les associations syndicales ne peuvent agir comme personne civile que dans les intérêts du syndicat, et non pour faire valoir les actions individuelles de leurs membres.

C'est dans ce sens que l'a décidé un arrêt du Conseil d'État du 10 mars 1893[1], qui, bien que rendu pour l'Algérie, contient une solution applicable aux associations syndicales situées en France. Voici les termes de cet arrêt :

Considérant que les sieurs Mattera et autres, agissant poursuites et diligences du syndicat des viticulteurs du département de Constantine, constitué pour la défense contre le phylloxera, soutiennent que le ministre de l'agriculture, dans sa décision du 21 avril 1890, ne leur a alloué que des indemnités insuffisantes pour le préjudice à eux causé par la destruction de leurs vignes atteintes du phylloxera et demandent l'annulation de ladite décision ;

Considérant que les associations syndicales organisées pour la défense contre le phylloxera en Algérie sont placées sous l'empire des règles générales qui régissent les associations syndicales, et qu'aux termes de la loi du 21 juin 1865, promulguée en Algérie par le décret du 31 octobre 1866, ces associations ont le droit d'ester en justice pour défendre les intérêts communs en vue desquels elles se sont constituées, mais qu'elles ne sauraient, sans sortir de leurs attributions, user de ce droit pour la défense des intérêts individuels de leurs membres ; que les vignes dont s'agit ne sont pas cultivées par le syndicat dans l'intérêt et pour le compte de l'association ; qu'ainsi l'indemnité réclamée ne devant pas profiter au syndicat, celui-ci n'a pas qualité pour en discuter le montant, et que la requête présentée en son nom n'est pas recevable ; que, d'autre part, considérée comme requête collective de cinquante-trois propriétaires intéressés, elle ne saurait être admise que pour le sieur Mattera, premier dénommé.....;

Décide :

Art. 1er. — La requête, en tant que présentée au nom du syndicat des viticulteurs du département de Constantine, est rejetée comme non recevable.

---

1. *Rev. gén. d'admin.*, 1893, II, 58, aff. Mattera. V. les observations de M Le Vavasseur de Précourt, D P., 1891, III, 3 ; Leb , p. 230.

Art. 2. — En tant que formée au nom de cinquante-trois propriétaires, elle est également rejetée comme non recevable, sauf en ce qui concerne le sieur Mattera, premier dénommé dans ladite requête.....

26. — L'application de la loi du 15 décembre 1888 sur les associations syndicales autorisées a rencontré de sérieuses difficultés dans certaines régions viticoles. Une des premières applications que l'on paraît avoir faites de cette loi a eu lieu dans le département de la Marne. Un arrêté préfectoral du 17 juillet 1891 constitua une association syndicale autorisée. La création de cette association syndicale, comprenant dans son périmètre tout le département de la Marne, était motivée par l'apparition du phylloxera en Champagne.

Le syndicat antiphylloxérique de la Marne a éprouvé, pour diverses raisons, de nombreuses résistances [1].

Un certain nombre de propriétaires compris dans le périmètre du syndicat ont saisi le conseil de préfecture de la Marne, à l'occasion du recouvrement des taxes syndicales, d'une demande tendant à établir l'irrégularité de la constitution du syndicat. Mais, par un arrêté en date du 21 mars 1894, le conseil de préfecture a rejeté cette demande en se fondant d'abord sur ce qu'elle aurait été formée postérieurement aux délais impartis par l'article 28 de la loi du 21 avril 1832 et par les articles 15 et 17 de la loi du 21 juin 1865. En second lieu, le conseil de préfecture se déclarait incompétent pour prononcer l'annulation du syndicat, parce que cette nullité ne pourrait être que la conséquence

---

1. Certains viticulteurs se sont abstenus de concourir en aucune façon à l'association syndicale Ainsi dans certaines communes on s'est refusé à payer au percepteur les taxes syndicales. Ailleurs, le maire et le conseil municipal refusèrent de remplir leurs fonctions, pour protester contre les mesures prescrites pour combattre le phylloxera ; le ministre de l'intérieur dut même provoquer la révocation du maire et la dissolution du conseil municipal.

On a reproché aux syndicats trop étendus, embrassant, par exemple, tout un département, comme dans l'espèce, de ne pas assez tenir compte des intérêts locaux, des différences considérables de la valeur des terres, et surtout de paraître absorber la petite propriété au profit des grands domaines. Les intérêts locaux ont cependant une grande importance et doivent pouvoir être entendus efficacement, si l'on songe que le mode de traitement des vignes phylloxérées et leur reconstitution se modifient suivant la situation des lieux et suivant la nature du sol, qui, ainsi qu'on le sait, est essentiellement variable entre des localités parfois très rapprochées. Bien que l'exposé des motifs de la loi du 15 décembre 1888 admette qu'un syndicat puisse s'étendre à la totalité d'un département, il reconnaît cependant que le périmètre de l'association doit comprendre une zone de vignes, présentant des conditions homogènes d'attaque et de défense.

de la nullité de l'arrêté du préfet constitutif du syndicat, nullité que le conseil de préfecture est incompétent pour prononcer [1].

Dans une autre affaire, le Conseil d'État a rejeté la demande en ces termes, par un arrêt du 31 mai 1895 (Pinson-Molé, Lebon, p. 479).

« Considérant que, si les requérants n'avaient conclu devant le conseil de préfecture qu'au paiement de l'indemnité à eux due, en exécution de l'article 9 de la loi du 15 décembre 1888, et s'ils s'étaient bornés à critiquer la régularité de la formation du syndicat et du comité directeur, le conseil de préfecture n'en était pas moins tenu, pour reconnaître sa compétence, de vérifier si le syndicat et le comité directeur avaient été légalement constitués, ainsi que de rechercher si l'arrachage des vignes avait été opéré après l'accomplissement des formalités prescrites ; qu'ainsi c'est avec raison qu'il a porté son examen sur ces divers points et que les requérants sont recevables à contester dans leurs conclusions devant le Conseil d'État la légalité du syndicat, du comité directeur et la régularité de l'arrachage dont ils se plaignent ;

Considérant qu'il résulte de l'instruction, et notamment des arrêtés ci-dessus visés en date des 17 juillet 1891 et 17 septembre 1892, que le syndicat et le comité directeur ont été régulièrement constitués ; qu'il résulte également de l'arrêté du préfet qui a ordonné l'arrachage, que toutes les formalités prescrites ont été préalablement remplies, que les requérants ne relèvent aucune inexactitude dans les mentions de ces arrêtés ; qu'il suit de là que leurs conclusions sur ces divers chefs doivent être rejetées ;

Considérant que, en ordonnant, avant dire droit, une expertise sur la demande d'indemnité portée devant lui, le conseil de préfecture n'a

---

1. Cet arrêté du conseil de préfecture de la Marne du 21 mars 1894 (*Le Droit* du 24 mars 1894) dit notamment : « Considérant que l'article 15 de la loi du 21 juin 1865 dispose qu'en matière de taxes imposées par un syndicat autorisé, le recouvrement est fait comme en matière de contributions directes ; que, d'autre part, en vertu de l'article 28 de la loi fondamentale du 21 avril 1832, les réclamations contre lesdites contributions doivent être présentées dans les trois premiers mois de l'émission des rôles ; qu'il résulte de l'instruction que les rôles ont été publiés le 18 septembre 1892 ; que les demandes en décharge ont été enregistrées seulement à la date du 18 janvier 1893, c'est-à-dire après l'expiration du délai ci-dessus visé et que dès lors lesdites demandes ne sont pas recevables. Qu'à la vérité, la loi du 21 juin 1865 accorde un délai de quatre mois à partir de la notification du premier rôle des taxes, à tout propriétaire compris dans l'association, soit qu'il conteste sa qualité d'associé, soit qu'il conteste la validité de l'association ;.... »

fait, quant à ce, que prescrire une mesure simplement préparatoire, contre laquelle le pourvoi des requérants n'est pas recevable.... »

Quelle que soit la valeur des critiques de pure forme soulevées contre la constitution du syndicat antiphylloxérique de la Marne [1], il n'est pas douteux que ce syndicat, qui a pour but la défense et la reconstitution des vignobles si importants de la Champagne, présente au premier chef le caractère d'intérêt public. Les prévisions du législateur établissant en 1888 les associations syndicales autorisées, se trouvent ainsi pleinement justifiées en l'espèce. On peut donc souhaiter que tous les propriétaires s'unissent dans une pensée commune pour combattre par des mesures d'ensemble, combinées dans l'intérêt de tous, le fléau dévastateur.

27. — Nous avons déjà vu qu'une loi du 3 août 1891 modifiait partiellement la législation précédente en ce qu'elle facilitait l'introduction des cépages résistants. On peut dire, en effet, actuellement, que les cépages américains, greffés avec des plants français, sont dans la plupart des cas le mode le plus efficace de reconstitution des vignobles phylloxérés.

La loi du 3 août 1891 a pour but principal de faciliter ce travail de reconstitution. L'article 2 détermine les formes suivant lesquelles un conseil municipal, après constatation de l'existence du phylloxera, peut demander l'introduction des plants de vignes résistants. Le conseil général statue et le préfet prend un arrêté d'urgence. En cas de divergence entre deux conseils généraux de départements limitrophes, le ministre de l'agriculture décide. Aux termes de l'article 3, lorsqu'un département ou une commune vote une subvention destinée à la recons-

---

1. En ce qui concerne la forme de la requête : Conf. Dalloz, *Code des lois politiques et administratives annotées,* t I, v° *Conseil d'État,* nᵒˢ 1214 et suiv. ; — Arsène Périer, *Traité des Conseils de préfecture,* t. II, nᵒ 632, p. 287. — Conf. Brémond, *Examen critique de la loi du 22 juillet 1889. (Rev. gén. d'admin.,* 189J, II, 258.)

En ce qui concerne la compétence : Aucoc, *Conférences,* t. II, nᵒ 915, p. 625 ; v. aussi nᵒ 909, p. 619 ; — Godoffre, *Des Associations syndicales,* nᵒ 248, p. 230 ; — G. Gain, *Traité des associations syndicales,* nᵒ 316, p. 286. — V. notamment : C. d'Ét. 28 février 1877, Leb., p 196, Roca ; — 27 juillet 1888, Leb., p. 677, de la Garde ; — 14 novembre 1891, Leb., p. 677, de Barbentane. — Trib. des confl. 7 août 1880, Leb., p. 757, de Bern s.

En ce qui concerne les délais : G. Gain, nᵒˢ 211 et suiv., p. 190 et suiv.

Voir encore : Aucoc, *Conférences,* t. II, nᵒ 886, p. 590 ; C. d'Ét. 6 juin 1879, Leb., p. 463, de Vilar.

titution des vignobles au moyen de cépages résistants, l'État donne une subvention égale à celle du département ou de la commune, qui se trouve ainsi doublée.

L'État peut aussi donner une subvention aux comices ou sociétés agricoles ou viticoles, qui auraient consacré une partie de leurs ressources à la constitution d'une pépinière de cépages résistants, ou à des études sur l'adaptation ou le greffage, ou à des modes particuliers de culture (art. 3).

28. — Le législateur a encouragé d'une autre manière la reconstitution des vignobles, c'est en exonérant les propriétaires de l'impôt foncier pendant le laps de temps où les vignes nouvellement plantées ne donnent pas de produits rémunérateurs [1].

L'article 1er de la loi du 1er décembre 1887 est ainsi conçu : « Dans « les arrondissements déclarés atteints par le phylloxera, les terrains « plantés ou replantés en vignes âgées de moins de quatre ans lors de « la promulgation de la loi, seront exempts de l'impôt foncier. Ils ne « seront soumis à cet impôt que lorsque les vignes auront dépassé la « quatrième année. Dans les arrondissements déclarés atteints ou dans « ceux qui le seront postérieurement, les plantations à venir jouiront « du même privilège pendant le même laps de temps. — Les dispo- « sitions qui précèdent seront indépendantes de la nature des plants « et du mode de culture [2]. »

---

1. C'est dans une pensée analogue que le Code forestier (art. 225) et la loi du 18 juin 1855 ont exempté de tout impôt foncier, pendant une période de 30 ans, les semis et plantations de bois sur les montagnes, dunes et landes.

2. V. pour la première application de cette loi : *Compte rendu des travaux du service du phylloxera*, 1888-1889, p. 23.

Les dégrèvements d'impôt foncier accordés en 1893 ont dépassé 2,145,000 fr. La dépense correspondante avait été, en 1888, de 1,600,000 fr. en chiffres ronds ; en 1889, de 2,270,000 fr.; en 1890, de 2,610,000 fr. ; en 1891, de 2,520,000 fr. et en 1892, de 2,230,000 fr.

Ainsi les propriétaires de vignes nouvellement plantées ou replantées ont bénéficié, dans l'espace de six ans, d'une réduction d'impôt supérieure à 13,383,000 fr.

Les parcelles nouvellement admises, en 1893, à jouir de l'exemption de l'impôt foncier étaient au nombre de 148,136, réparties dans 735 communes sur une superficie de 49,200 hectares, ce qui suppose une contenance moyenne de 33 ares environ.

Les départements où les terrains exemptés occupent la plus grande superficie sont : Aude, 11,755 hectares ; Hérault, 10,673 ; Gard, 4,773 ; Pyrénées-Orientales, 2,947 ; Gironde, 2,574 ; Saône-et-Loire, 1,748 ; Rhône, 1,695 ; Bouches-du-Rhône, 1,193 ; Var, 1,025.

On remarque que les 49,200 hectares qui ont été admis, en 1893, à jouir pour

L'article 2 dispose que, dans aucun cas, la même parcelle de terre ne pourra jouir à deux reprises du bénéfice de l'article précédent.

29. — Les dispositions de la loi du 1ᵉʳ décembre 1887 ont donné lieu à un décret du 2 mai 1888, réglementant les formalités à accomplir. Voici les principales dispositions de ce décret.

Les déclarations contenant l'indication exacte des terrains plantés ou replantés sont établies d'après des formules imprimées, déposées aux mairies et adressées à la préfecture ou à la sous-préfecture.

L'exemption est acquise à partir du 1ᵉʳ janvier de l'année qui suit celle pendant laquelle la plantation ou la replantation a été effectuée (art. 3).

A l'égard des vignes nouvellement plantées ou replantées pour être greffées sur place, le point de départ de l'exemption était déterminé, aux termes de l'article 5 du décret du 2 mai 1888, non par le fait de la plantation ou de la replantation des ceps, mais par le fait du greffage.

Jugé en conséquence que, sous le régime du décret du 2 mai 1888, l'exemption de l'impôt foncier n'est acquise pour les vignes nouvellement plantées ou replantées pour être greffées sur place qu'à partir du 1ᵉʳ janvier de l'année qui suit celle pendant laquelle le greffage a eu lieu [1].

Ces dispositions du décret de 1888 ont été modifiées par un décret du 21 juin 1892, qui établit qu'à partir du 1ᵉʳ janvier 1893, les vignes constituées ou reconstituées au moyen de porte-greffes sont admises, comme les vignes plantées ou replantées en producteurs directs, à jouir de l'exemption d'impôt prévue par l'article 1ᵉʳ de la loi du 1ᵉʳ décembre 1887, pendant les quatre années qui suivront celle de la plantation ou de la replantation (et non du greffage). Toutefois, les vignes déjà plantées, qui n'étaient pas encore greffées au 1ᵉʳ janvier 1892, jouiront de l'exemption à partir du 1ᵉʳ janvier 1893.

D'après le décret de 1888, les déclarations doivent être effectuées au plus tard dans les trois mois de la publication du rôle de l'année où

---

la première fois du bénéfice de la loi du 1ᵉʳ décembre 1887 se composent exclusivement de terrains plantés ou replantés en vignes pendant l'année 1892.

Jusqu'à présent, la loi du 1ᵉʳ décembre 1887 a reçu son application dans 8,002 communes, appartenant à 59 départements différents, et les exemptions ont porté sur 1,019,779 parcelles, d'une superficie totale de 330,284 hectares.

1. C. d'Ét. 6 août 1892, Jeanjean, Lebon, p. 696.

l'exemption est acquise. Les déclarations qui seraient faites après l'expiration du délai ne donnent droit à l'exemption que pour les années restant à courir du 1ᵉʳ janvier de l'année suivante au 31 décembre de celle au cours de laquelle les plants compteront quatre années révolues d'existence[1].

30. — L'article 8 dit que les déclarations n'ont pas besoin d'être renouvelées annuellement, et que toute parcelle plantée ou replantée, qui a été reconnue avoir droit à une exemption temporaire d'impôt foncier, continue à en jouir nonobstant toute mutation.

Le contrôleur et les répartiteurs procèdent à toutes les vérifications nécessaires (art. 9). L'état collectif est soumis à l'approbation du préfet. En cas de désaccord sur certaines déclarations, celles-ci sont rayées de l'état collectif et font l'objet de dossiers individuels (art. 10). Ces dossiers sont soumis à l'examen d'un comité technique, dont la composition est déterminée par le décret de 1888, et présidé par un conseiller général, élu annuellement par le conseil général (art. 11).

Les contribuables dont les déclarations n'ont pas été accueillies ont un délai d'un mois pour réclamer, dans les formes prescrites par l'article 28 de la loi du 21 avril 1832. Ces réclamations sont instruites et jugées conformément aux articles 29, § 2, et 30 de la loi du 21 avril 1832 et à l'article 5 de la loi du 29 décembre 1884 (expertises et tierces expertises sur réclamations en matière de contributions directes).

Enfin il a été jugé qu'il y a délit d'escroquerie dans le fait d'un maire qui, pour bénéficier de l'exemption d'impôts accordée par la loi du 1ᵉʳ décembre 1887, produit devant la commission des répartiteurs, dont il était président en qualité de maire, une déclaration inexacte, obtient ainsi, en abusant de sa qualité, l'admission de sa demande et se prévaut de cette admission auprès de l'administration pour faire dégrever de l'impôt des parcelles qu'il n'avait pas réellement replantées[2].

31. — L'invasion du phylloxera produit une destruction si complète des vignobles, que certains propriétaires avaient réclamé un nouveau

---

1. V. le résumé des exemptions temporaires accordées en vertu de la loi du 1ᵉʳ décembre 1887. Ministère de l'agriculture, *Compte rendu des travaux du service du phylloxera*, 1888-1889, p. 23.

2. C. cass. ch. crim. 7 août 1890, D. P., 1891, I, 139. — Application de l'article 405 du Code pénal.

classement de leurs terres, par application de l'article 9 de l'ordonnance du 3 octobre 1821.

Ils disaient que leur propriété avait subi, par l'effet du phylloxera, une détérioration telle, que leurs vignes avaient entièrement péri sans espoir de reproduction, que cette destruction constituait un événement imprévu, étranger et postérieur au classement, et indépendant de la volonté des propriétaires. Mais le Conseil d'État a toujours repoussé ces réclamations : considérant, disent plusieurs arrêts, que la destruction n'est pas spéciale à la propriété du requérant ; qu'elle s'est produite d'une manière générale dans la contrée ; que, dès lors, cet événement n'est pas de ceux pour lesquels les propriétaires de fonds de terre peuvent, en vertu des dispositions de la loi du 15 septembre 1807, de l'ordonnance du 3 octobre 1821 et du règlement du 10 du même mois, réclamer par la voie contentieuse contre le revenu assigné à leurs immeubles plus de six mois après la mise en recouvrement du premier rôle cadastral, et demander le classement à nouveau de leur propriété[1].

La destruction par le phylloxera pourrait seulement donner lieu à une révision du cadastre. Mais il n'appartient pas au Conseil d'État de prononcer au contentieux sur la question de savoir si l'événement dont s'agit peut donner lieu à cette révision. Cette mesure ne peut être prescrite que par l'autorité administrative[2].

32. — Les zones franches du pays de Gex et de la Haute-Savoie sont astreintes à une législation qui diffère de celle du reste de la France. Un décret du 22 septembre 1883 interdit l'entrée des plants de vignes, sarments, boutures et autres débris de la vigne dans ces zones.

Une loi du 29 mars 1885[3] a rendu applicable aux zones franches du pays de Gex et de la Haute-Savoie la loi du 21 mars 1883, relative aux mesures à prendre contre l'invasion et la propagation du phylloxera

---

1. C. d'Ét. 26 novembre 1880, Lebon, p. 920, Saucerotte, v. la note ; — 18 juillet 1884, p. 612, de Baritault ; — 3 juillet 1885, p. 636, dame Roques ; — 22 janvier 1886, p. 60, Gauthier. — Il a été jugé, conformément aux principes de la matière, que c'est au préfet qu'il appartient de statuer sur la demande en remise de la contribution foncière pour vignes détruites par le phylloxera, sauf recours au ministre, et que la décision prise par le préfet ne peut être attaquée devant le Conseil d'État. (C. d'Et. 27 juillet 1888, Lebon, p 668, Ferrié.)

2. Laferrière, *Traité de la juridiction administrative*, t. II, p. 265.

3. *Journ. off.* du 3 avril 1885 ; cette loi n'a pas été insérée au *Bulletin des lois*. V. *Recueil des actes administratifs* de la préfecture de la Haute-Savoie, année 1885, n° 8.

en Algérie. Ainsi que nous allons le voir, ces prescriptions sont plus rigoureuses que celles édictées par les lois qui régissent la France. Des lois ont prorogé successivement l'application de la loi de 1883 aux zones franches précitées [1].

33. — L'Algérie est soumise à une législation spéciale. Un décret du 12 juillet 1880 rendit d'abord applicables à l'Algérie les lois du 15 juillet 1878 et du 2 août 1879, qui, d'ailleurs, sont toujours applicables dans les dispositions qui ne sont pas contraires (art. 12 de la loi du 21 mars 1883). Cette loi du 21 mars 1883, spéciale à l'Algérie, édicte des mesures très sévères; certaines de ses dispositions, ainsi que le faisait remarquer le rapporteur au Sénat, comportent de véritables expropriations temporaires.

Aux termes de l'article 1er, tout propriétaire, toute personne ayant, à quelque titre que ce soit, la charge de la culture ou la garde d'une vigne est tenu de signaler immédiatement au maire de sa commune tout fait de dépérissement, ou même tout symptôme maladif qui se seront manifestés dans ladite vigne. Une semblable déclaration est obligatoire pour les pépinières ou jardins dans lesquels il existe des pieds de vigne.

L'article 2 a été remplacé par la loi du 28 juillet 1886 sur les syndicats de l'Algérie. Aux termes de cette loi, le préfet fait visiter une fois par an, et plus souvent s'il est nécessaire, les vignes de son département; les agents ont le droit de pénétrer dans les propriétés et d'y faire tous travaux d'investigations.

Les frais de visite sont à la charge des propriétaires de vignes, qui sont soumis à cet effet à une taxe spéciale et temporaire. Les propriétaires possédant moins de 25 ares de vignes en sont exemptés.

L'article 3 dispose que le préfet ordonne la visite des vignes, pépinières ou jardins qui lui ont été signalés comme il est dit précédemment, ou dans lesquels il jugera une inspection nécessaire. Son délégué est investi du pouvoir de pénétrer dans ces propriétés et d'y faire toutes recherches et travaux d'investigation. Cette visite est même étendue aux vignes environnantes. Enfin, le délégué transmet, sans délai, son rapport au préfet.

L'article 4 énumère les mesures très graves que l'administration a le droit d'ordonner lorsque l'existence du phylloxera a été reconnue. Le

---

1. Lois 5 décembre 1888 ; 29 décembre 1890 ; 31 décembre 1891 ; 28 décembre 1892. Dalloz, *Code lois polit.*, v° *Agriculture*, n°ˢ 1284 et s.

gouverneur général prend un arrêté portant déclaration d'infection de la vigne malade, des pépinières et jardins et des vignes environnantes. Cette déclaration d'infection indique le périmètre auquel elle s'étend. Ce périmètre comprend les vignes reconnues malades ou suspectes et une zone de protection.

La déclaration d'infection entraîne les mesures suivantes :

I. Dans les vignes malades ou suspectes :

1° La destruction par le feu des ceps, tuteurs, échalas, feuilles, sarments et autres objets pouvant servir de véhicule au phylloxera ; — 2° la désinfection du sol ; — 3° l'interdiction de toute nouvelle plantation de vignes pendant un temps qui ne pourra pas dépasser cinq années.

II. Dans la zone de protection : Le traitement préventif des vignes qui s'y trouvent.

III. Dans le périmètre total des lieux déclarés infectés :

1° La défense de pénétrer, si ce n'est avec une autorisation du délégué ; — 2° l'interdiction de sortie des terres, feuilles, plants et tous objets pouvant servir à propager le phylloxera.

Enfin, les frais résultant des opérations prescrites par les articles 3 et 4 sont à la charge de l'État (art. 8).

L'article 5 arme l'administration du droit d'ordonner la destruction de toute plantation faite à l'aide de plants introduits frauduleusement, sans préjudice des poursuites à exercer contre les délinquants. L'article 6 interdit d'introduire, de détenir et de transporter à l'état vivant le phylloxera, ses œufs, larves et nymphes.

Ces diverses mesures, prises dans un intérêt général, occasionnent des dommages aux propriétaires dont les vignes sont détruites en exécution de la loi de 1883, parfois même une sorte d'expropriation.

L'article 9 de la loi du 21 mars 1883 règle ainsi le droit à indemnité, qui est à la charge du Trésor.

L'indemnité ne pourra dépasser la valeur du produit net de trois récoltes moyennes que la vigne aurait pu donner, déduction faite des frais de culture, de main-d'œuvre et autres, que le propriétaire ou le vigneron aurait eu à faire pour l'obtenir. — Les autres dommages causés par le traitement de la vigne infectée ou suspecte donneront lieu également à une indemnité correspondant au préjudice causé. — Dans les deux cas, l'évaluation de l'indemnité est faite par le délégué du préfet et un expert désigné par la partie.

Le procès-verbal d'expertise est visé par le maire, qui donne son avis. Le ministre peut ordonner la révision des évaluations par une commission dont il nomme les membres. L'indemnité est fixée par le ministre, sauf recours au Conseil d'État.

D'une part, c'est le ministre de l'agriculture qui est compétent pour décider si un propriétaire a contrevenu à l'article 1er et a encouru de ce chef la déchéance édictée par l'article 10 [1].

D'autre part, la preuve de la contravention incombe à l'administration, qui doit établir les faits incriminés; les présomptions sont insuffisantes [2].

A un autre égard, l'indemnité peut atteindre, mais sans jamais pouvoir dépasser, le produit net de trois récoltes moyennes, déduction faite des frais de culture [3].

Enfin, ces contestations ne rentrent dans aucun des cas pour lesquels le décret du 2 novembre 1864 permet de mettre les dépens à la charge de l'État [4].

L'article 10 de la loi du 21 mars 1883 dispose que tout détenteur qui aura contrevenu aux prescriptions de la loi n'a droit à aucune indemnité.

En outre de cette déchéance et des responsabilités édictées par l'article 1382 du Code civil, les contrevenants à la loi et aux décrets et arrêtés rendus en exécution, sont passibles des peines édictées par les articles 12, 13, 14 et 15 des lois du 15 juillet 1878 et du 2 août 1879 (loi 1883, art. 11). Enfin, un décret du 17 juin 1884 a prohibé l'importation en Algérie des ceps de vignes, sarments, feuilles, etc. [5].

----

1. C. d'Ét. 10 mars 1893, Barris, D. P., 1894, III, 33 ; Leb., p. 231.

2. Même arrêt.

3. C. d'Ét. 10 mars 1893, D. P., 1894, III, 33, aff. Mattera. *Rev. gén. d'admin.*, 1893, II, 58 ; Leb., p. 230.

4. V. les arrêts précités et C. d'Ét. 28 décembre 1894, Leb., p. 720, de Lafon,

5. *Bull. off. du Gouv. gén. de l'Algérie*, t. XXIV, p. 436. — Voir, sur l'application des peines et la compétence, l'arrêt suivant, déjà cité, qui établit que la contravention à la loi est un fait matériel, indépendant de toute intention coupable ou de mauvaise foi : C. cass. 12 août 1887, D. P., 1887, I, 510, v. la note ; *Gaz. Pal.* 1888, I, table, v° *Phylloxera*, mais voir *eod. loco*, Alger 15 janvier 1887. — La juridiction compétente est le tribunal correctionnel (Trib. Philippeville 25 juin 1886, *Rev. d'Alger* 59, 1887). En principe, le tribunal correctionnel ne peut, sans le consentement du prévenu, substituer à la prévention qui lui est déférée une prévention nouvelle. Ainsi jugé, en ce qui concerne la Tunisie, que l'inculpation d'introduction de marchandises prohibées par le décret beylical du 17 février 1886 sur le phylloxera, dirigée contre un capitaine de navire, ne peut être transformée à l'audience en la contravention d'omission desdites marchandises sur le

La loi du 28 juillet 1886 a réglé l'organisation en Algérie des syndicats pour la défense contre le phylloxera. Il nous suffira de citer ses principales dispositions.

D'après l'article 3 de cette loi, si les propriétaires possédant plus de la moitié des surfaces complantées en vignes dans un département en font la demande, ils sont autorisés à constituer un syndicat comprenant la totalité des propriétés viticoles de ce département.

Les membres du syndicat départemental sont élus par les propriétaires de vignes soumis à la taxe. Le syndicat, sous le contrôle de l'administration, surveille les vignes, et ses agents ont le droit de pénétrer dans les propriétés et d'y faire toutes recherches nécessaires (art. 4).

Nous avons vu précédemment que les syndicats constituent des personnes civiles, capables d'ester en justice pour exercer les actions syndicales[1].

L'article 7 défend, à moins d'une autorisation spéciale, la culture et la multiplication des vignes américaines; ces vignes sont détruites, et les délinquants poursuivis conformément à l'article 13 de la loi du 2 août 1879. L'article 8 dispose que la prescription des délits et des contraventions édictés par les diverses lois et règlements commence a courir à partir du jour de la constatation de chaque délit ou contravention[2]. Enfin l'article 2 a été modifié par la loi du 27 décembre 1894.

II.

34. — L'invasion du phylloxera constitue un cas de force majeure auquel il est presque impossible de s'opposer d'une manière efficace la plupart du temps. Il résulte de l'importance de cette invasion qu'elle présente tous les caractères d'un fléau, d'une calamité publique pour

---

manifeste. En conséquence, le ministère public doit être renvoyé à se pourvoir (Décret du Bey 3 octobre 1884, art. 17, 118 et 127). Alger 15 octobre 1891, *Rev. d'Alger* 534, 1891.

1. C. d'Ét 10 mars 1893, aff. Mattera, *Rev. gén d'admin.*, 1893, II, 58, v. les observations de M. Le Vavasseur de Précourt ; — D. P., 1894, III, 38.

2. Deux décrets, l'un du 10 mars 1894, l'autre du 30 décembre 1893, autorisent sous certaines conditions l'entrée en Algérie des plants d'arbres, arbustes et végétaux de toute nature, des fruits et légumes, etc., mais maintiennent toutes les prohibitions concernant la vigne.

les vignobles, et non d'une atteinte partielle comme le serait la grêle, par exemple.

La constatation de ce double caractère : de cas de force majeure et de calamité publique, ressort avec évidence de' l'ensemble de la législation que nous venons d'exposer et des déclarations et développements produits dans les débats parlementaires.

Ces caractères de l'invasion du phylloxera produisent des effets juridiques importants en droit civil.

Ainsi, en principe, les dispositions du Code civil sur le cas fortuit et la force majeure, l'article 1148 notamment[1], trouvent leur application du moment où la destruction par le phylloxera est établie.

On pourrait trouver de nombreuses espèces ; il nous suffira d'en développer quelques-unes, tranchées par les tribunaux, qui sont tout particulièrement intéressantes.

35. — Ainsi, l'usufruitier (art. 607, C. civ.) ou le mari qui lui est assimilé, par exemple sous les régimes exclusifs de communauté (art. 1533, C. civ.) et sous le régime dotal (art. 1562, C. civ.), ne peuvent être responsables vis-à-vis soit du nu propriétaire, soit de la femme, de la destruction des vignes par le phylloxera, qui est un véritable cas fortuit ou de force majeure, entraînant une perte partielle ou presque totale de l'immeuble lui-même.

_ Ils ne sont même pas obligés de reconstituer les vignes détruites, car ces dépenses de replantation ne sont pas une charge de la jouissance.

Ainsi, il avait été jugé anciennement que l'usufruitier d'un terrain planté en vignes n'est pas tenu de replanter ces vignes lorsqu'elles viennent à dépérir par vétusté, et qu'il peut les arracher et convertir le sol en terre labourable[2].

La destruction des vignes par le phylloxera a pour conséquence leur arrachage, mais celui qui a la jouissance ne peut être contraint de les remplacer, surtout de reconstituer en cépages français greffés sur plants américains : car ce dernier mode, le seul vraiment efficace dans la plupart des cas, entraîne des frais très élevés et souvent supérieurs aux revenus.

---

1. Voir, pour la définition des cas fortuits et de la force majeure : Aubry et Rau, t. IV, § 308, p. 103 ; — Demolombe, t. XXIV, nos 553 et suiv., p. 549 et suiv.

2. Orléans, 6 janvier 1848, D. P., 1848, II, 107, Petit. — C. cass., req , 8 avril 1845, D. P., 1845, I, 215, Ekel.

C'est ce qu'un arrêt de la cour d'appel de Grenoble [1], par rapport aux obligations du mari sous le régime exclusif de communauté, constate dans les termes suivants : « Sur la 3ᵉ question : Destruction des vignes : « Attendu qu'il est constant que la destruction des vignes est due au « phylloxera, fléau dont les effets ne peuvent être atténués encore au- « jourd'hui qu'avec des dépenses le plus souvent en disproportion « avec les résultats obtenus ; que, dès lors, le sieur Girerd ne saurait « être tenu à aucune indemnité pour n'avoir pas cherché à reconstituer « le vignoble.... »

36. — Cependant, si l'usufruitier ou le mari n'a pas reculé devant ces dépenses extraordinaires et s'il a entrepris la reconstitution des vignes détruites par le phylloxera, en plantant, par exemple, des cépages français greffés sur plants américains, il doit être indemnisé de ces dépenses ou de la plus-value qu'elles ont donnée à l'immeuble [2], par application de la règle que nul ne doit s'enrichir aux dépens d'autrui.

Il faut également admettre que la replantation exceptionnelle en cé-pages français, nécessitée par la destruction des vignes phylloxérées, doit être remboursée.

En effet, indépendamment de l'article 606 du Code civil qui, dans une opinion communément admise, ne contient pas une énumération limitative des grosses réparations, mais seulement énonciative, le remboursement à l'usufruitier ou au mari des frais nécessités par la reconstitution des vignes phylloxérées est encore légitimé par d'autres considérations.

La reconstitution des vignes phylloxérées, soit en cépages américains greffés, soit en plants français directs, n'est pas une simple amélioration, car elle est exigée par le besoin de la chose ; elle est faite pour entretenir et conserver la propriété elle-même ; l'usufruitier ou le mari qui a entrepris cette replantation a satisfait à une charge qui n'é-

---

1. Grenoble 3 mars 1888, dame Girerd, *Journal de la cour de Grenoble*, 1888, I, 105.

2. Mais l'on ne pourrait allouer une indemnité de plus-value supérieure à la dépense effective. C'est ce que décide une jurisprudence constante. V. notamment : C. cass., ch. civ., 22 octobre 1889, Delgand, D. P., 1890, I, 62 ; *Gaz Pal.* 1889, II, 511.

tait pas sa propre dette et qui pesait sur le propriétaire, il doit donc être indemnisé de ses dépenses qui profitent au propriétaire. Il doit être indemnisé alors même que les travaux seraient faits en dehors du propriétaire, et même contre sa volonté, s'il est établi que le travail a été d'une bonne administration et a profité au propriétaire, car, dans ce cas, la résistance de celui-ci serait un acte de mauvaise foi[1].

En ce qui concerne les frais de traitement des vignes phylloxérées, on ne pourrait reconnaître un droit à indemnité au profit de celui qui a la jouissance que si ces frais, par leur importance, ne constituaient pas des dépenses à la charge des fruits, mais une véritable reconstitution de la propriété elle-même, ou tout au moins des gros travaux faits pour la conservation de la propriété. Ainsi on pourrait considérer, suivant les cas, comme dus à l'usufruitier les ouvrages de canalisation et autres, faits pour la submersion des vignes dans les localités où ce mode de traitement est possible. Ainsi encore le traitement par les divers produits chimiques en usage pourrait même, d'après l'importance des frais, les circonstances, les conditions et modes de culture, être considéré comme étant moins une charge des fruits qu'une dépense de reconstitution du vignoble. Mais on ne peut poser de règles absolues en pareille matière, il s'agit de faits qui peuvent varier à l'infini et que les tribunaux ont à apprécier. Il faut, en tous cas, tenir compte de cette observation que le rendement de vignes phylloxérées va sans cesse en s'abaissant, alors que les frais de culture augmentent dans de fortes proportions, à raison, par exemple, du sulfurage et des fumures supplémentaires.

Enfin, si un syndicat autorisé a été constitué en vertu de la loi du 15 décembre 1888, dont nous avons précédemment parlé, les dépenses imposées par ce syndicat semblent, dans certains cas, et si elles n'ont pas le caractère de dépenses d'entretien, pouvoir être réglées entre le propriétaire et celui qui a la jouissance, conformément aux dispositions de l'article 609 du Code civil[2].

37. — Le caractère de conservation de la propriété même a été reconnu à la reconstitution d'un vignoble phylloxéré, dans une espèce où il s'agissait d'un immeuble dotal.

---

1. Demolombe, t. X, p. 511, n° 591. — Dalloz, *Rép.*, v° *Usufruit*, n° 537.
2. Comp. Demolombe, t. X, n° 612, p. 530. — Aubry et Rau, t. II, § 231, p. 501. — Dalloz, *Rép.*, v° *Usufruit*, n° 564.

Aux termes de l'article 1558 du Code civil, l'aliénation d'un immeuble dotal peut être autorisée par la justice : « § 5 : pour faire de « grosses réparations indispensables pour la conservation de l'immeuble « dotal. »

La reconstitution des vignes au moyen de cépages français greffés sur plants américains étant un travail indispensable effectué pour la conservation de l'immeuble, il a été décidé à bon droit que l'aliénation d'une partie du fonds dotal pouvait être autorisée pour effectuer les travaux de reconstitution d'un vignoble dotal [1].

---

1. Trib. civ. de Villefranche (Rhône) 7 novembre 1890. (*Moniteur judiciaire de Lyon* du 9 décembre 1890.) Dans cette affaire, une femme mariée sous le régime dotal demandait à être autorisée du tribunal pour affecter une somme de 30,000 fr., à prendre sur le prix de vente d'un immeuble dotal, à la reconstitution en cépages français greffés sur plants américains d'un domaine vignoble, également dotal, détruit par le phylloxera (la dépense de reconstitution était évaluée à 33,431 fr. pour une étendue de 7 hectares 82 ares 91 centiares). Le tribunal donne les motifs suivants de sa decision : « Attendu que le tribunal doit examiner la question de savoir si une dépense de cette nature est effectuée « pour « faire des réparations indispensables pour la conservation de l'immeuble dotal » ; — Attendu qu'aux termes d'une doctrine et d'une jurisprudence aujourd'hui constantes, cette disposition de loi ne saurait être considérée comme strictement limitative ; que les mots « grosses réparations » de l'article 1558 du Code civil ne comprennent pas uniquement les réparations définies dans l'article 606 du même code, lequel ne vise d'ailleurs que les réparations aux bâtiments, maisons d'habitation et leurs dépendances; qu'au sens général de la loi, la grosse réparation est celle qui prévient la destruction totale ou partielle d'un bâtiment ou d'une chose mobilière ou immobilière, qu'ainsi toute dépense faite pour la conservation de la dot peut legitimer l'aliénation ou l'hypothèque du fonds dotal ou autoriser un remploi contraire aux stipulations du contrat de mariage ; que par application de ces principes, il a été jugé notamment qu'il y avait lieu d'etendre le paragraphe 5 de l'article 1558 du Code civil au paiement des droits de mutation dus à raison de la transmission d'immeubles dotaux (Nîmes 1er mai 1861, S , 61, 2, 417) et au paiement des frais d'une instance en séparation de corps, cette instance ayant pour résultat indirect, mais nécessaire, la séparation de biens, moyen légal de conservation de la dot (Cass. 19 juillet 1887, S., 88, 1, 289); qu'il a même été jugé que la construction d'une cave-cellier et d'un pressoir devait être considérée comme une grosse réparation, un vignoble ne pouvant être utilement exploité sans des accessoires de cette nature (Grenoble 25 mars 1886, *Monit. judic.*, 1er mai 1886); — Attendu que la reconstitution par des cépages greffés du vignoble appartenant à la requérante devant avoir pour résultat de remplacer la vigne détruite, de donner ainsi au sol la destination indiquée au contrat de mariage et devant permettre d'obtenir le revenu le plus rémunérateur, il est incontestable qu'une pareille opération a pour but la conservation de l'immeuble dotal ; — Attendu en fait qu'à l'heure présente, il ne s'agit plus la d'une opération téméraire, d'une expérience présentant certainement un caractère aléatoire, mais au contraire d'un mode de reconstitution commandé par une administration éclairée et prévoyante ; qu'en effet des auteurs autorisés, qui ont ecrit récemment sur ces matières, s'accordent a dire « qu'on ne peut songer qu'à la vigne américaine pour « établir un vignoble nouveau » ; que pour la plupart, pour la grande majorité, le salut, c'est « la vigne américaine » (*Le Vigneron moderne*, par Bender et Ver-

38. — L'invasion du phylloxera a une autre conséquence importante en droit civil.

Lorsque des vignes sont louées à bail, le preneur peut invoquer l'article 1722 du Code civil, qui l'autorise, en cas de perte partielle de la chose louée par cas fortuit, à demander, suivant les circonstances, ou une diminution du prix, ou même la résiliation du bail, alors du moins que la destruction par le phylloxera n'était point prévue expressément ou n'était pas commencée au moment du bail. La destruction par le phylloxera ne peut pas, en effet, rentrer dans la catégorie des pertes de récoltes par cas fortuits auxquels s'appliquent les articles 1769 et suivants du Code civil. Lors même que le bail mettrait à la charge du preneur tous les cas fortuits prévus ou imprévus conformément à l'article 1773 du Code civil, la destruction par le phylloxera ne pourrait pas rentrer dans les prévisions de cette clause du bail, qui se réfère seulement aux dommages prévus dans l'article 1769 du Code civil, et non à la perte totale ou partielle de la chose louée elle-même (art. 1722, C. civ.); dans ce dernier cas, c'est la substance même de la chose louée qui est atteinte [1].

39. — Lorsque les vignes sont cultivées par des colons partiaires ou métayers, c'est-à-dire là où la récolte est partagée entre le proprié-

---

morel, p. 87 et 88) ; — Que dans de pareilles conditions, le tribunal estime faire une saine application du texte et de l'esprit de la loi en faisant droit à la demande de la dame D.... » — Jugé dans le même sens que la femme dotale peut être autorisée par justice à aliéner des valeurs dotales, pour le produit être employé à la reconstitution de vignobles dotaux détruits par le phylloxera [Trib. de la Flèche (Ch. du conseil) 24 avril 1894, *Rep. gén. not.* Defrénois, 1895, p. 84. — Conf. Aubry et Rau, t. V, § 537, p. 591.]

1. Un jugement du tribunal civil de Marseille, confirmé par arrêt de la cour d'appel d'Aix du 27 mai 1875, aff. Arduin contre Long, Sir., 1875, II, 148, donne les motifs suivants, intéressants à relever : « Que le droit du preneur avait donc pour objet le produit de ces parcelles et de ce vignoble, produit qui constituait la récolte d'un domaine loué ; — Attendu que la destruction presque complète du vignoble dont il s'agit, causée, d'après les constatations de l'expertise et les autres documents du procès, par le phylloxera, porte évidemment non pas sur la récolte ou, en d'autres termes, sur les fruits de la chose louée, mais sur cette chose elle-même, puisque le vignoble détruit en grande partie était, non pas un simple produit destiné à devenir la propriété des fermiers, mais bien la chose productive restée la propriété du bailleur ; — Qu'ainsi la perte dont se plaignent les sieurs Long tombe sous l'application de l'article 1722 du Code civil précité, et non sous celle des articles 1769 et 1770, qui ne concernent que les cas de perte de la récolte ou des fruits, et qu'elle ne rentre pas davantage dans les prévisions de la clause du bail par laquelle les sieurs Long frères se sont chargés de tous les cas fortuits prévus ou imprévus conformément à l'article 1773

taire et le cultivateur, la situation est réglée par la loi du 18 juillet
1889 sur le Code rural. L'article 8 de cette loi est ainsi conçu : « Si,
« pendant la durée du bail, les objets qui y sont compris sont détruits
« en totalité par cas fortuit, le bail est résilié de plein droit. S'ils ne
« sont détruits qu'en partie, le bailleur peut se refuser à faire les répa-
« rations et les dépenses nécessaires pour les remplacer ou les rétablir.
« Le preneur et le bailleur peuvent dans ce cas, suivant les circons-
« tances, demander la résiliation. — Si la résiliation est prononcée a
« la requête du bailleur, le juge appréciera l'indemnité qui pourrait
« être due au preneur, conformément au 2e paragraphe de l'article 7
« de la présente loi[1]. »

Ainsi, on applique au colonat partiaire les principes posés par l'article 1722 du Code civil, relatif au bail à ferme; cependant, à la différence de cet article, l'article 8 ne laisse pas d'autre alternative, en cas
de perte partielle de la chose qui fait l'objet du contrat, que la résiliation ou la continuation du bail à colonat; cela tient au caractère de ce
contrat où il ne peut être question de diminution du prix du bail. Ces
dispositions s'appliqueraient à la destruction par le phylloxera surve-
nue en cours de bail[2]. On ne saurait, ainsi que nous l avons vu, en
effet appliquer à la destruction par le phylloxera les dispositions relatives aux pertes de récoltes[3].

D'autre part, dans le cas où les travaux de reconstitution, en cépages
américains par exemple, auraient entraîné des dépenses extraordinaires
pour le cultivateur, celui-ci peut être indemnisé, à moins de conven-

---

du Code civil, lequel est également étranger au cas de perte totale ou partielle
de la chose louée et ne se réfère qu'aux dommages dont s'occupe l'article 1769.
Par ces motifs : statuant sur cette demande en diminution de fermages, la déclare bien fondée.... » — Même aff, Trib. civ. Marseille 29 août 1873, D. P.
1874, V. 320; — Trib. civ. Dijon 6 août 1883, *Le Droit*, 29 septembre 1888 ; —
Trib. civ. Périgueux 18 novembre 1886, *La Loi*, 5 novembre 1887; — Trib. civ.
Toulouse 19 mai 1888, *Gazette des trib. du Midi*, 3 juin 1888 ; v. la note. — Guil-
louard, *Du Louage*, t. Ier, no 396, *in fine*, p. 425.

1. Cette disposition de l'article 7 est ainsi conçue : « ... le colon a droit à une
« indemnité pour les impenses extraordinaires qu'il a faites, jusqu'a concurrence
« du profit qu'il aurait pu en tirer pendant la durée de son bail. .. »

2. *Rép. gén. alphab. de droit français*, t. VII, vo *Bail a colonage partiaire*,
no 250.

3. L'article 9 de la loi du 18 juillet 1889 est conçu en ces termes : « Si, dans
« le cours de la jouissance du colon, la totalité ou une partie de la récolte est
« enlevée par cas fortuit, il n'a pas d'indemnité à réclamer du bailleur. Chacun
« d'eux supporte sa portion correspondante dans la perte commune. »

tions contraires, lorsque la résiliation est demandée par le bailleur ou dans les cas prévus par les articles 6 et 7 de la loi.

Enfin, le propriétaire ne peut être tenu de reconstituer les vignes détruites, donc il ne peut être tenu de replanter en cépages américains greffés, eu égard aux dépenses exceptionnelles de cette reconstitution. En effet, le législateur a voulu exonérer le propriétaire lorsque le rétablissement ou la réparation pourraient l'entraîner dans des frais disproportionnés avec l'intérêt qu'il peut avoir à la continuation du bail à colonat [1].

40. — Dans certaines régions de la France, il existe une tenure d'une nature particulière, connue sous la dénomination de *bail à complant.* Ce contrat est celui par lequel un propriétaire cède des terrains à un fermier ou *complanteur,* à charge par celui-ci de les planter en vignes, s'ils étaient incultes, ou de les cultiver, s'ils étaient déjà plantés de vignes, et d'acquitter une rente annuelle ou de rendre au propriétaire une certaine quantité de fruits, et de les conduire à son pressoir, avec la condition que, faute par le preneur de remplir exactement ses obligations, le bail sera résolu sans formalités de justice. Le bail à complant est ordinairement fait pour une longue période ou pour la durée de la vie du *complanteur,* tant que la chose louée existe ou n'a cessé d'être régulièrement cultivée [2].

La légalité du *bail à complant,* contrat d'origine féodale, est reconnue par la jurisprudence moderne, du moment où le contrat ne comporte aucune tenure féodale ou transfert de propriété [3].

La destruction par le phylloxera des vignes louées *à complant* a soulevé d'importants débats.

---

1. Rapport de M. Million à la Chambre des députés, *Journ. off.* du 27 juillet 1888, annexes, p. 756, n° 2784.

2. Ragueau et de Laurière, *Glossaire du droit français* (éd. L. Favre), v° *Complant,* p. 142, et supplém *Glossaire féodal,* v° *Complant,* p. 9 (ce bail était usité notamment dans les anciennes coutumes de l'Anjou, du Maine, du Poitou, de Saint-Jean-d'Angély, de La Rochelle, du Dauphiné et du Nivernais, etc.).— *Rép. gén. alphab. de droit français,* t. VII, v° *Bail à complant,* n°s 1 et 2. — Merlin, *Rép.,* v° *Complant.* — Dalloz, *Rép.,* v° *Louage à complant,* n°s 1 et 2. — Poitiers 19 février 1894, de Goué, *Gaz. des trib.,* n° du 18 mars 1894 ; — *Gaz. Pal.* 1894, I, 369.

3. Dalloz, *Rép.,* v° *Louage à complant,* n° 4 et suiv , avis du Conseil d'État du 4 thermidor an VIII, en note. — *Rep. gén. alphab. de droit français,* t. VIII, v° *Bail à complant,* n°s 12 et suiv., 15 et suiv.

On a soutenu que la résiliation du bail ne pouvait être prononcée dans ce cas. En effet, a-t-on dit, à la différence du bail ordinaire, le *bail à complant* n'a pas pour objet un terrain planté en vignes dont la jouissance est concédée au preneur, mais un terrain nu que le complantaire s'engage à planter en vignes. Or, le terrain subsistant dans son intégralité, on ne peut pas dire qu'il y a une perte totale dans le sens de l'article 1722 du Code civil; il se produit seulement un obstacle apporté par cas fortuit au mode de jouissance prévu par le contrat[1].

Peut-être, dans ce système, devrait-on au moins distinguer entre le cas où le terrain était planté en vignes à l'origine du bail et celui où il ne l'était pas.

Quoi qu'il en soit, la jurisprudence ne s'est pas arrêtée à ces distinctions et a décidé que, du moment où il est constant que les vignes ont été détruites par le phylloxera, la chose louée elle-même étant ainsi anéantie, conformément aux principes généraux, le bail *à complant* doit cesser *ipso facto* en vertu de l'article 1722 du Code civil, qui peut être invoqué par le propriétaire comme par le fermier[2].

---

1. Note de M. Surville sous Poitiers 19 février 1894, Sirey, 1894, II, 201.

2. Poitiers 19 février 1894, de Goué, *Gaz. des trib.*, n° du 18 mars 1894; *Gaz. Pal.* 1894, I, 369. Cet arrêt est ainsi conçu: « Attendu que le bail à complant est un contrat d'une nature particulière, spéciale à certaines anciennes provinces de France, en vertu duquel le bailleur, qui reste toujours soumis au paiement de la contribution foncière et de l'impôt de mutation, charges inséparables de la propriété utile, cède au colon une superficie de terrain ou de vignes, à la charge de planter ce terrain en vignes ou d'en continuer la culture s'il porte déjà un vignoble, et ce à des conditions déterminées d'exploitation et de partage de fruits; — Attendu que d'après la coutume du Poitou, qui régissait en Vendée le canton de Chantenay et dont les dispositions ne sont contredites ni par la loi, ni par un titre, ce bail ne transporte aucun droit de propriété des biens au fermier; que celui-ci, ses héritiers ou représentants ne possèdent qu'au même titre et de la même manière que les fermiers ordinaires, sauf en ce qui touche la durée du bail, qui se continue tant que la chose louée existe ou n'a cessé d'être régulièrement cultivée; — Attendu que tout contrat commutatif suppose, outre le consentement des parties, une cause et un objet qui parfois peuvent se confondre; qu'il est de toute évidence que, si la cause vient à cesser ou l'objet à dépérir, le contrat ne saurait plus subsister; — Attendu que l'intimé a toujours reconnu que la parcelle à lui affermée comprenait uniquement des vignes, dont le produit faisait l'objet même de la location; — Attendu qu'il est constant que ces vignes ont péri complètement par le phylloxera et qu'elles ont été arrachées; — Attendu que leur destruction portant sur la chose louée elle-même, puisque c'est la substance qui a été anéantie, le bail doit cesser *ipso facto* et que sa cessation entraîne la restitution de la terre à celui qui ne l'avait donnée qu'à complant; — Attendu qu'en vain on voudrait soutenir que le bailleur n'a pas le droit d'invoquer les dispositions de l'article 1722 du Code civil, sous prétexte qu'elles

41. — En résumé, la destruction des vignobles par le phylloxera présente un intérêt considérable au point de vue de la fortune publique, c'est une véritable question d'intérêt général qui est en jeu [1].

De nombreuses dispositions législatives ont été prises pour combattre le phylloxera ou tout au moins pour circonscrire ses ravages ; la concentration des intérêts communs par la constitution des syndicats est une des mesures les plus efficaces. Dans la plupart des régions viticoles, l'avenir du vignoble paraît surtout être dans sa reconstitution en plants français greffés sur cépages américains, qui résistent aux atteintes du phylloxera tout en conservant par le moyen du greffage l'excellence des vins français [2] ; aussi le législateur ne saurait être trop approuvé pour avoir encouragé cette reconstitution, notamment par les lois du 1er décembre 1887 et du 3 août 1891.

En droit civil, l'invasion du phylloxera produit les conséquences graves qui résultent d'une calamité publique et d'un événement de

---

ne visent exclusivement que les intérêts du preneur ; que ce système trouve sa réfutation dans les termes mêmes de l'article ; qu'on y lit en effet : « Si, pendant « la durée du bail, la chose louée est détruite en totalité par cas fortuit, — ce « qui s'est produit dans l'espèce soumise à la cour, — le bail est résilié de plein « droit » ; qu'une telle disposition implique nécessairement un droit égal pour chacune des parties ; — Attendu qu'il serait aussi contraire à la loi qu'à l'équité d'autoriser le preneur à conserver la jouissance d'une chose pour laquelle il refuse de payer aucun fermage jusqu'au jour où, ainsi qu'il le déclare dans ses conclusions de première instance, il aura jugé que l'état du terrain permet de replanter la vigne ; que ce serait consacrer une véritable spoliation du propriétaire ;.... Déclare résilié à partir du jour de la demande le bail à complant dont s'agit. » Le tribunal civil de Nantes (4 décembre 1893, Sirey 1894, II, 315, de la Cantrie) a jugé dans le même sens que le bail à complant, dans l'ancien comté nantais, constitue un contrat *sui generis*, qui ne transfère au preneur aucun droit de propriété sur le terrain donné à bail, et que par suite la destruction des vignes par le phylloxera entraîne *ipso facto* la résiliation du bail et le droit pour le bailleur d'obtenir la restitution du terrain (art. 1722, 1741, C. civ.).

1. Le ministre de l'intérieur déclare, dans une décision en date du 22 juin 1876 (*Les Conseils généraux*, Berger-Levrault et Cie, éd., t. Ier, p. 949), qu'une conférence interdépartementale ne peut avoir pour objet l'étude des moyens de combattre le phylloxera, cet examen n'étant pas d'utilité départementale, mais étant un objet d'administration générale confié aux soins de M. le ministre de l'agriculture.

2. Mais ce mode de reconstitution au moyen de cépages américains greffés ne peut être appliqué d'une manière utile dans certaines régions viticoles. En Champagne, par exemple, la reconstitution en cépages américains greffés paraît rencontrer de sérieux obstacles, eu egard au mode de culture de la vigne, qui ne peut être fait sur souche à raison du peu de profondeur du sol, mais dont le jeune bois est recourbé chaque année par la *bécherie* ou provignage annuel. (V. *Le Temps* du 25 août 1891.) — Dans d'autres contrées, où la submersion est possible, on peut arrêter le fléau par ce moyen énergique. Enfin, certains sols se prêtent bien au traitement par les procédés chimiques, tel que le sulfurage.

force majeure. Enfin, la replantation des vignes détruites, et surtout leur reconstitution au moyen de cépages américains greffés, entraîne des dépenses exceptionnelles. Cette reconstitution assure l'avenir du vignoble et, par suite, de la propriété elle-même [1].

---

1. La plantation en vignes américaines a aussi d'autres conséquences juridiques intéressantes à connaître. Ainsi il a été jugé que les règlements particuliers ou les usages locaux pouvant exister en ce qui concerne la plantation des vignes, ne seraient pas applicables aux plants américains, qui demandent, pour se développer normalement, une surface plus considérable que les vignes françaises, et que, dans ce cas, les distances à observer sont régies par l'article 671 et suiv., soit un demi-mètre de la ligne séparative de l'héritage voisin. (Trib. civ. Dijon 29 novembre 1893, D. P. 1894, II, 285, Bornat.)

Lorsqu'une convention est intervenue entre un propriétaire livrant des « greffons » ou sarments, destinés à être soudés avec des porte-tiges américains, et un pépiniériste s'engageant à livrer, après s'être servi desdits greffons, une certaine quantité de greffes, qui seront ensuite plantées dans les vignes du propriétaire, il a été jugé que cette convention constitue, non pas une vente ferme, mais plutôt un contrat *sui generis*, aux termes duquel le pépiniériste est tenu de remettre au propriétaire, au bout d'un délai déterminé, des greffes à planter. Ce contrat présente, à la fois, le caractère de la vente et celui du louage d'ouvrages. (Dijon 29 juin 1894, *Gaz. trib.* 31 août 1894 et Mon. Lyon, 2 octobre 1894.)

Nancy, imprimerie Berger-Levrault et Cie.